Impressum
Verlag: BABADADA GmbH, Nedderfeld 112 , 22529 Hamburg
Geschäftsführer / Verlagsleitung: Harald Hof
Druck: Books on Demand GmbH, In de Tarpen 42, 22848 Norderstedt

Imprint
Publisher: BABADADA GmbH, Nedderfeld 112 , 22529 Hamburg, Germany
Managing Director / Publishing direction: Harald Hof
Print: Books on Demand GmbH, In de Tarpen 42, 22848 Norderstedt

koulu
d Schuel

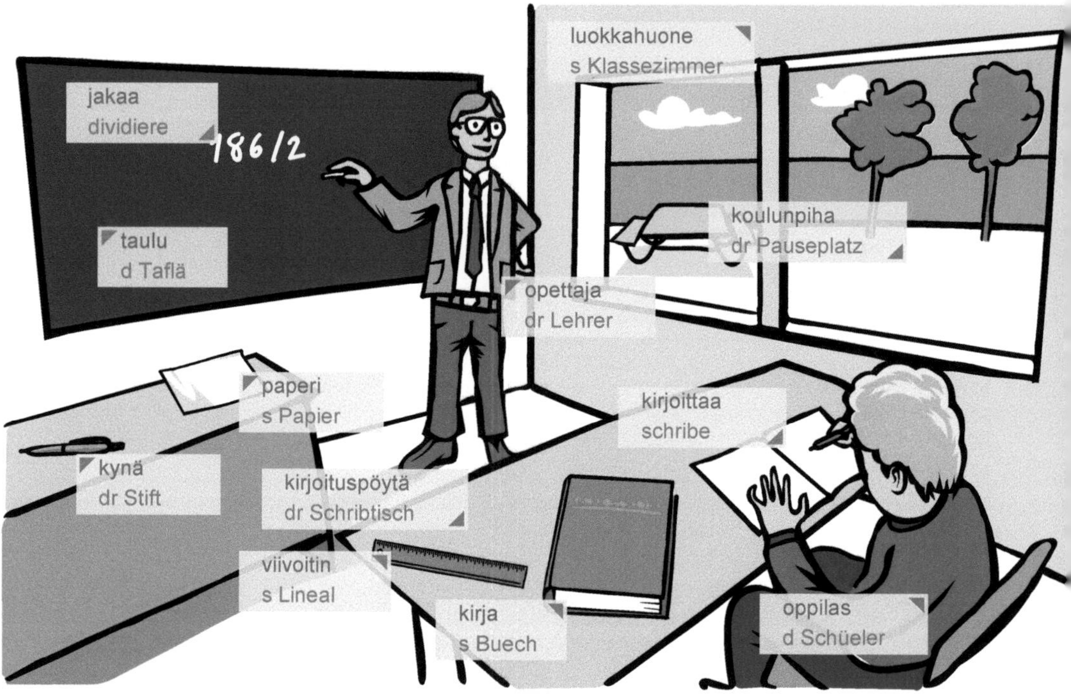
luokkahuone
s Klassezimmer
jakaa
dividiere
186/2
taulu
d Taflä
koulunpiha
dr Pauseplatz
opettaja
dr Lehrer
paperi
s Papier
kirjoittaa
schribe
kynä
dr Stift
kirjoituspöytä
dr Schribtisch
viivoitin
s Lineal
kirja
s Buech
oppilas
d Schüeler

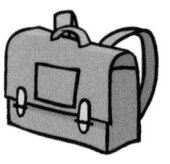

reppu
dr Thek

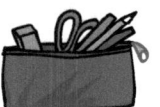

penaali
s Etui

lyijykynä
dr Bleistift

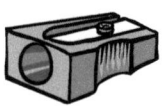

kynänteroitin
dr Spitzer

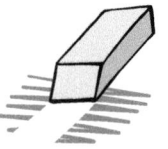

pyyhekumi
s Radiergummi

piirustuslehtiö
dr Zeicheblock

piirustus

d Zeichnig

pensseli

dr Pinsel

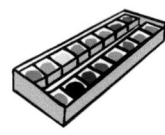

vesivärit

dr Malchaschte

sakset

d Schär

liima

dr Liim

harjoituskirja

s Üebigsheft

kotitehtävä

d Huusufgabe

luku

d Zahl

2+2

lisätä

addiere

vähentää

subtrahiere

kertoa

multipliziere

laskea

rächne

kirjain

dr Buechstabe

aakkoset

s Alphabet

sana

s Wort

teksti

dr Text

lukea

läse

liitu

d Kriide

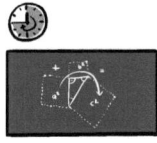

oppitunti

d Lektion

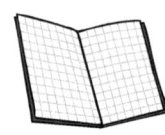

opettajan muistikirja

s Klassäbuech

koe

d Prüefig

todistus

s Zügnis

koulupuku

d Schueluniform

koulutus

d Usbildig

sanakirja

d Enzyklopädie

yliopisto

d Universität

mikroskooppi

s Mikroskop

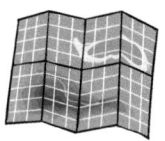

kartta

d Charte

roskakori

dr Papierchorb

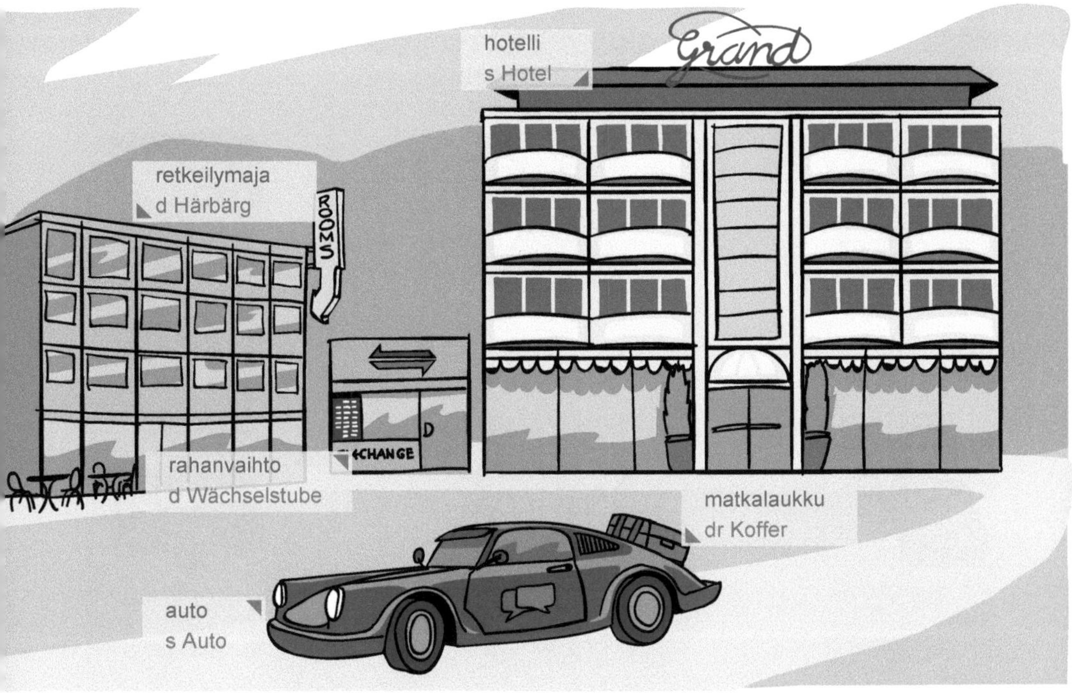

hotelli
s Hotel
Grand
retkeilymaja
d Härbärg
ROOMS
rahanvaihto
d Wächselstube
EXCHANGE
matkalaukku
dr Koffer
auto
s Auto

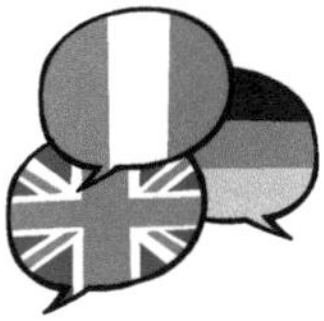

kieli

d Sprach

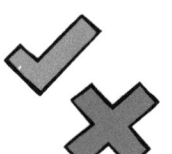

kyllä / ei

jo / nei

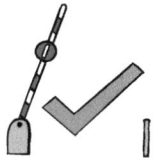

selvä

okay

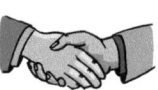

hei

Hallo

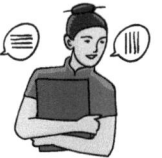

tulkki

dr Dolmetscher

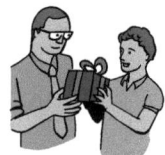

kiitos

Dankä

Paljonko...maksaa?

Was chostet...?

en ymmärrä

Ich vrstahs nöd

ongelma

s Problem

Hyvää iltaa!

Guete Abig!

Hyvää huomenta!

guete Morgä!

Hyvää yötä!

guete Abig!

näkemiin

Uf Wiederseh

suunta

d Richtig

matkatavarat

s Bagaasch

laukku

d Täsche

reppu

dr Rucksack

vieras

dr Gast

huone

dr Ruum

makuupussi

dr Schlafsack

teltta

s Zält

turisti-info

d Touristeninformation

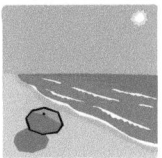

ranta

dr Strand

luottokortti

d Kreditkarte

aamupala

s Zmorge

lounas

s Zmittag

päivällinen

s Znacht

matkalippu

s Billet

hissi

dr Ufzug

postimerkki

d Briefmarke

raja

d Gränze

tulli

dr Zoll

suurlähetystö

d Botschaft

viisumi

s Visum

passi

dr Pass

kuljetus
dr Transport

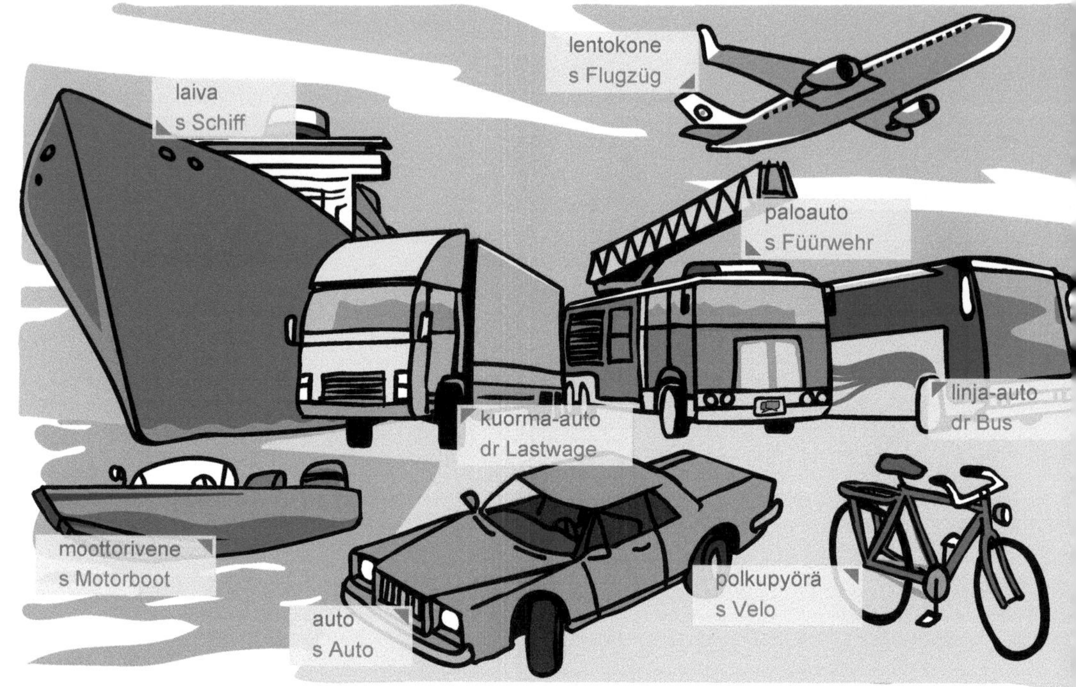

lentokone
s Flugzüg
laiva
s Schiff
paloauto
s Füürwehr
linja-auto
dr Bus
kuorma-auto
dr Lastwage
moottorivene
s Motorboot
polkupyörä
s Velo
auto
s Auto

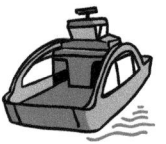

lautta

d Fähri

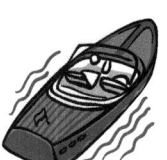

vene

s Boot

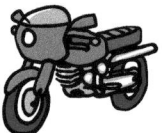

moottoripyörä

s Töff

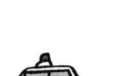

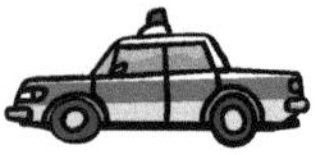

poliisiauto

s Polizeiauto

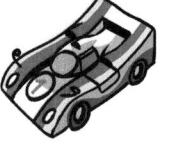

kilpa-auto

s Rännauto

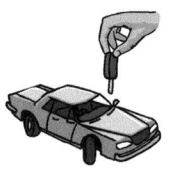

vuokra-auto

dr Mietwage

car sharing

s Carsharing

hinausauto

dr Abschleppwage

roska-auto

dr Chübelwage

moottori

dr Motor

polttoaine

s Benzin

huoltoasema

d Tankstell

liikennemerkki

s Verkehrsschild

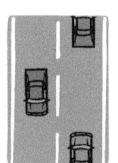

liikenne

dr Verchehr

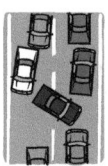

ruuhka

dr Stau

parkkipaikka

dr Parkplatz

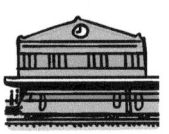

rautatieasema

dr Bahnhof

raiteet

d Schiene

juna

dr Zug

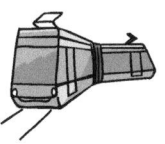

raitiovaunu

d Strassebahn

vaunu

dr Wagon

helikopteri

dr Helikopter

lentokenttä

dr Flughafe

lähilennonjohto

dr Tower

matkustaja

dr Passagier

kontti

dr Container

pahvilaatikko

dr Karton

kärryt

dr Chare

kori

dr Korb

nousta / laskea

starte / lande

kaupunki
d Stadt

kylä

s Dorf

keskusta

s Stadtzentrum

talo

s Huus

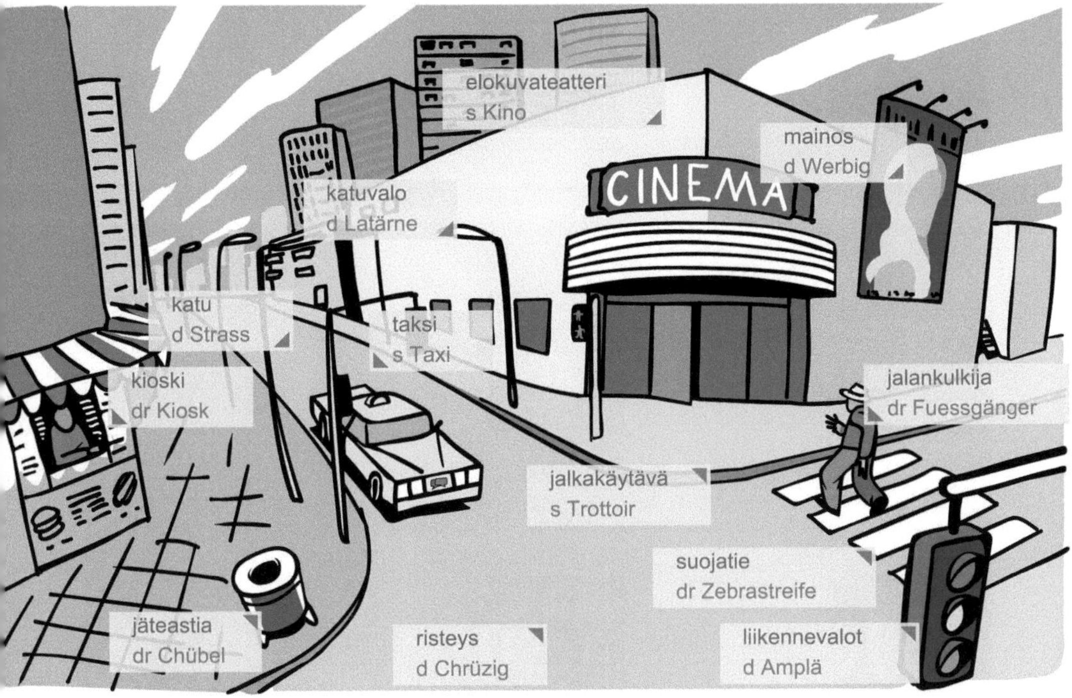

elokuvateatteri
s Kino

mainos
d Werbig

katuvalo
d Latärne

CINEMA

katu
d Strass

taksi
s Taxi

kioski
dr Kiosk

jalankulkija
dr Fuessgänger

jalkakäytävä
s Trottoir

suojatie
dr Zebrastreife

jäteastia
dr Chübel

risteys
d Chrüzig

liikennevalot
d Amplä

mökki
....
d Hütte

kerrostalo
....
d Wohnig

rautatieasema
....
dr Bahnhof

kaupungintalo
....
s Gmeindshuus

museo
....
s Museum

koulu
....
d Schuel

yliopisto

d Universität

pankki

d Bank

sairaala

s Spital

hotelli

s Hotel

apteekki

d Apotheke

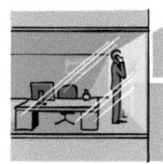

toimisto

s Büro

kirjakauppa

s Buechgschäft

liike

s Gschäft

kukkakauppa

dr Bluemelade

supermarketti

dr Läbensmittellade

tori

dr Märt

tavaratalo

s Chaufhuus

kalakauppias

dr Fischhändler

ostoskeskus

s Iihkaufszentrum

satama

dr Hafe

puisto

dr Park

penkki

d Bank

silta

d Brugg

portaat

d Stäge

metro

d U-Bahn

tunneli

dr Tunnell

linja-autopysäkki

d Bushaltestell

baari

d Bar

ravintola

s Restaurant

postilaatikko

dr Briefchastä

katukyltti

s Strasseschild

parkkimittari

d Parkuhr

eläintarha

dr Zolli

uimala

d Badi

moskeija

d Moschee

maatila
dr Buurehof

ympäristön saastuminen
d Umwältvrschmutzig

hautausmaa
dr Fridhof

kirkko
d Chile

leikkikenttä
dr Spielplatz

temppeli
dr Tämpel

maisema
d Landschaft

lehti
s Blatt

tienviitta
dr Wägwiiser

tie
dr Wäg

niitty
d Wise

kivi
dr Stei

puu
dr Baum

retkeilijä
dr Wanderer

joki
dr Fluss

ruoho
s Gras

kukka
d Bluamä

laakso

s Tal

vuori

dr Bärg

järvi

dr See

metsä

dr Wald

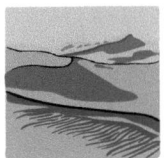

aavikko

d Wüeschti

tulivuori

dr Vulkan

linna

s Schloss

sateenkaari

dr Rägeboge

sieni

dr Pilz

palmu

d Palme

hyttynen

dr Moskito

kärpänen

d Fliege

muurahainen

d Ameise

mehiläinen

s Biendli

hämähäkki

d Spinne

kovakuoriainen

dr Chäfer

sammakko

dr Frosch

orava

s Eichhörnli

siili

dr Igel

jänis

dr Haas

pöllö

d Üle

lintu

d Vogu

joutsen

dr Schwan

villisika

s Wildschwein

peura

dr Hirsch

hirvi

dr Elch

pato

dr Damm

tuulimylly

d Windturbine

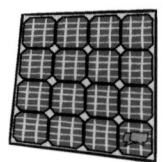

aurinkopaneeli

dr Sunnekollektor

ilmasto

s Klima

ravintola
s Restaurant

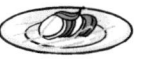

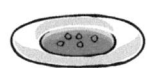

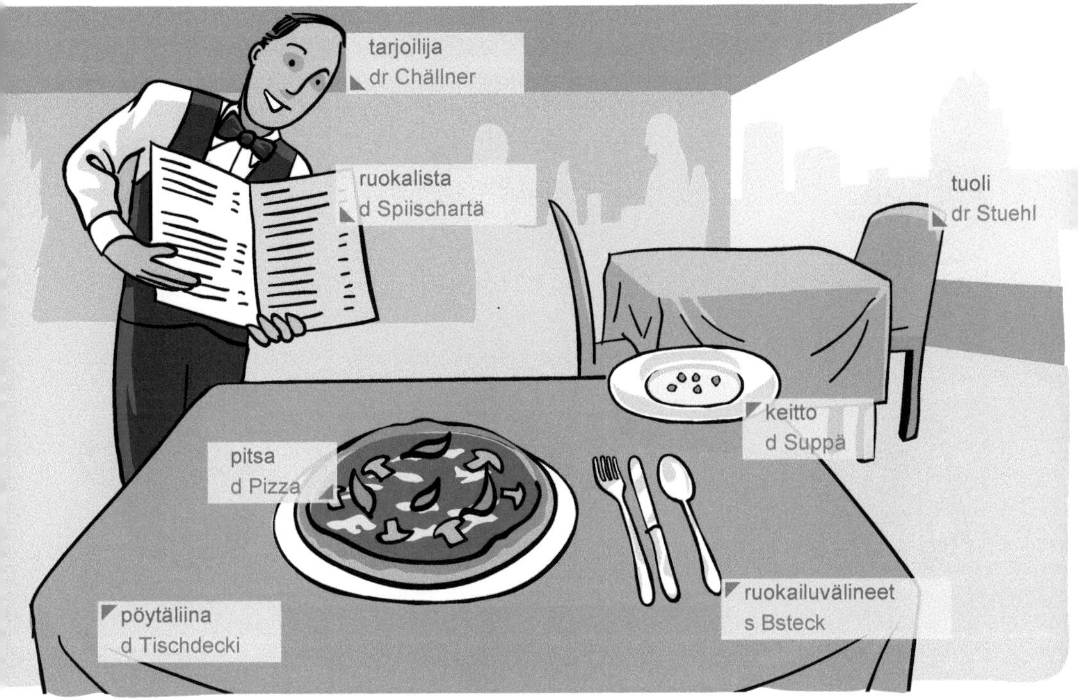
tarjoilija
dr Chällner
ruokalista
d Spiischartä
tuoli
dr Stuehl
keitto
d Suppä
pitsa
d Pizza
ruokailuvälineet
s Bsteck
pöytäliina
d Tischdecki

alkuruoka
d Vorspiies

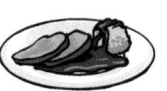

pääruoka
s Hauptgricht

jälkiruoka
s Dessert

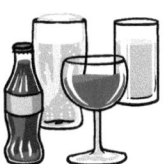

juomat
s Getränk

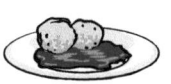

ruoka
d Läbensmittel

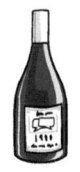

pullo
d Fläsche

pikaruoka

s Fast Food

katuruoka

s Street Food

teekannu

d Teechanne

sokeriastia

d Zuckerdosä

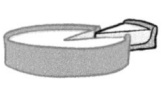

annos

d Portion

espressokeitin

d Espressomaschine

syöttötuoli

dr Hochstuehl

lasku

d Rächnig

tarjotin

s Tablett

veitsi

s Mässer

haarukka

d Gable

lusikka

dr Löffel

teelusikka

dr Teelöffel

servietti

d Serviette

lasi

s Glas

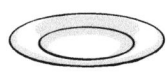

lautanen

dr Täller

syvä lautanen

dr Suppetällär

aluslautanen

d Untertasse

kastike

d Sose

suolasirotin

dr Salzstreuer

pippurimylly

d Pfäffermühli

etikka

dr Essig

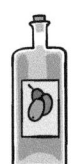

öljy

s Öl

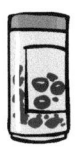

mausteet

d Gwürz

ketsuppi

ds Ketchup

sinappi

dr Sänf

majoneesi

d Mayonnaise

tarjous
s Ahgebot

asiakas
dr Chund

maitotuotteet
d Milchprodukt

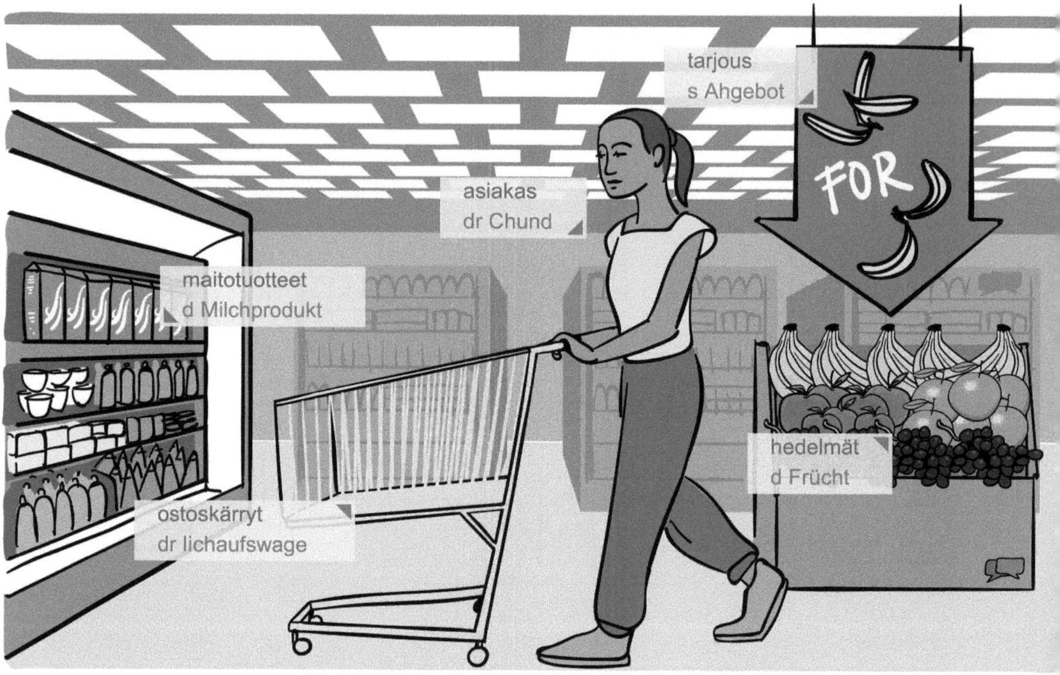

hedelmät
d Frücht

ostoskärryt
dr lichaufswage

FOR

teurastamo	leipomo	punnita
dr Schlachter	dr Beck	wiege
	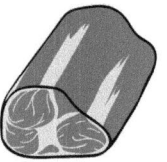	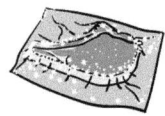
kasvikset	liha	pakasteet
s Gmües	s Fleisch	d Tiefkühlprodukt

leikkele

dr Ufschnitt

säilykkeet

d Konsärve

pesujauhe

s Wöschmittel

makeiset

d Süessigkeite

kotitaloustarvikkeet

d Huushaltartikel

puhdistusaineet

s Putzmittel

myyjä

d Verchäuferin

kassa

d Kassä

kassanhoitaja

dr Kassierer

ostoslista

d Ihchaufsliste

aukioloajat

d Öffnigszite

lompakko

s Portemonnaie

luottokortti

d Kreditkarte

kassi

d Täsche

muovipussi

dr Plastiksack

vesi

s Wasser

mehu

dr Saft

maito

d Milch

kokis

d Cola

viini

dr Wii

olut

s Bier

alkoholi

dr Alkohol

kaakao

s Ovi

tee

dr Tee

kahvi

dr Kafi

espresso

dr Espresso

cappuccino

dr Cappuccino

banaani

d Banane

omena

dr Öpfel

appelsiini

d Orange

meloni

d Melone

sitruuna

d Zitrone

porkkana

s Rüebli

valkosipuli

dr chnoobli

bambu

dr Bambus

sipuli

d Zwiblä

sieni

dr Pilz

pähkinät

d Nüss

spagetti

d Nudle

spagetti

d Spaghetti

riisi

dr Riis

salaatti

dr Salat

ranskalaiset

d Pommfrit

paistetut perunat

d Bratherdöpfel

pitsa

d Pizza

hampurilainen

dr Hamburgär

voileipä

s Sandwich

leike

s Gotlett

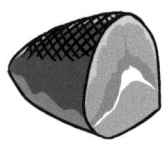

kinkku

dr Schinkä

salami

d Salami

makkara

s Würschtli

kana

s Huehn

paisti

dr Bratä

kala

dr Fisch

kaurahiutaleet

d Haferflocke

mysli

s Müesli

murot

d Cornflakes

jauho

s Mähl

voisarvi

s Gipfeli

sämpylä

s Brötli

leipä

s Brot

paahtoleipä

dr Toscht

keksit

s Guetzli

voi

d Butter

rahka

dr Quark

kakku

dr Chueche

kananmuna

s Ei

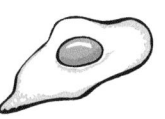

paistettu kananmuna

s Spiegelei

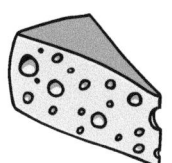

juusto

dr Chäs

jäätelö

d Glace

sokeri

dr Zucker

hunaja

dr Honig

hillo

d Gonfi

suklaapähkinälevite

d Nougat-Creme

curry

s Curry

maatila
dr Buurehof

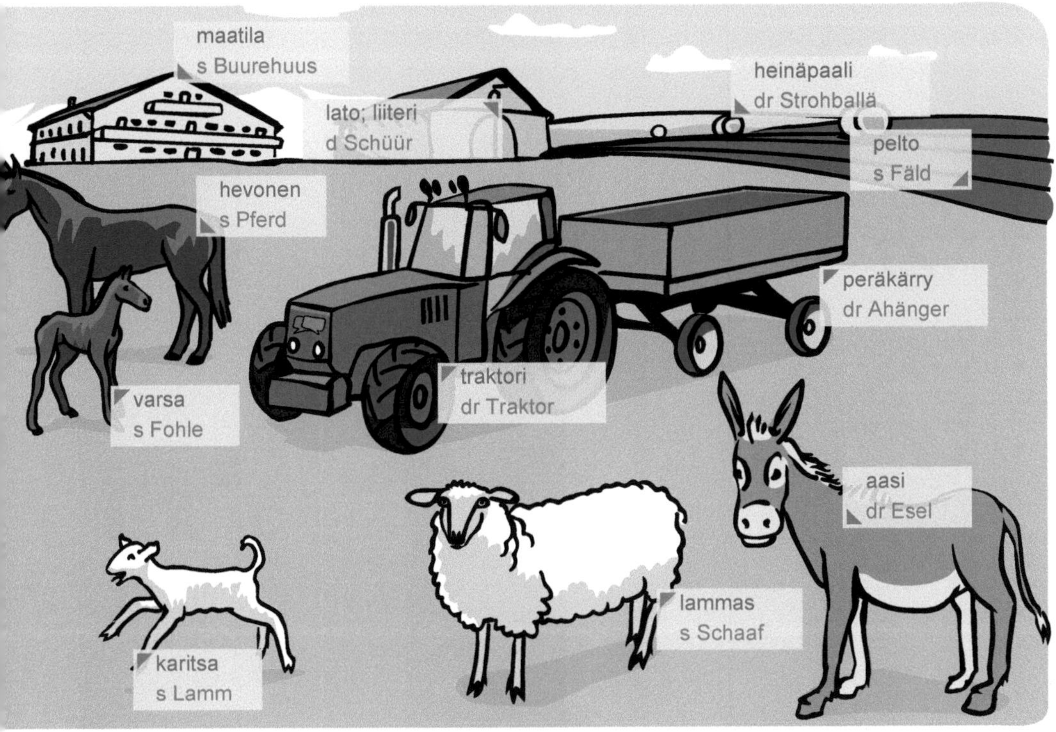
maatila
s Buurehuus
lato; liiteri
d Schüür
heinäpaali
dr Strohballä
pelto
s Fäld
hevonen
s Pferd
peräkärry
dr Ahänger
traktori
dr Traktor
varsa
s Fohle
aasi
dr Esel
lammas
s Schaaf
karitsa
s Lamm

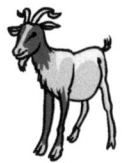

vuohi

d Geiss

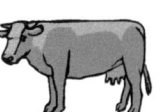

lehmä

d Chueh

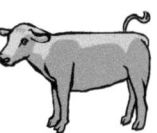

vasikka

s Chalb

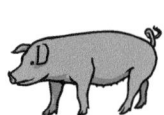

sika

d Sau

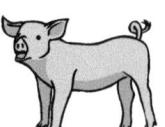

porsas

s Ferkel

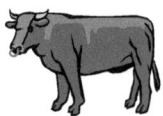

sonni

s Rind

hanhi

d Gans

ankka

d Änte

tipu

s Küke

kana

s Huähn

kukko

dr Güggel

rotta

d Ratte

kissa

d Chatz

hiiri

d Muus

härkä

dr Ochse

koira

dr Hund

koirankoppi

d Hundehütte

puutarhaletku

dr Garteschluuch

kastelukannu

d Giesschanne

viikate

d Sägese

aura

dr Pflueg

sirppi
d Sichel

kuokka
d Hacke

talikko
d Heugable

kirves
d Axt

kottikärryt
d Garette

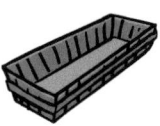

kaukalo
dr Trog

maitokannu
d Milchchanne

säkki
dr Sack

aita
dr Haag

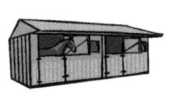

talli
dr Gadä

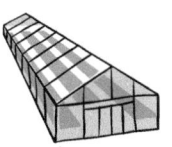

kasvihuone
s Gwächshuus

maa
dr Bode

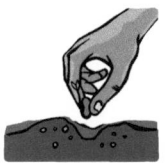

siemen
dr Soome

lannoite
dr Dünger

leikkuupuimuri
dr Mähdrescher

kerätä sato
ärnte

sato
d Ärnte

jamssit
d Yamswurzle

vehnä
dr Weize

soija
s Soja

peruna
dr Härdöpfel

maissi
dr Mais

rypsi
dr Raps

hedelmäpuu
dr Obstbaum

maniokki
dr Maniok

vilja
s Getreide

talo
s Huus

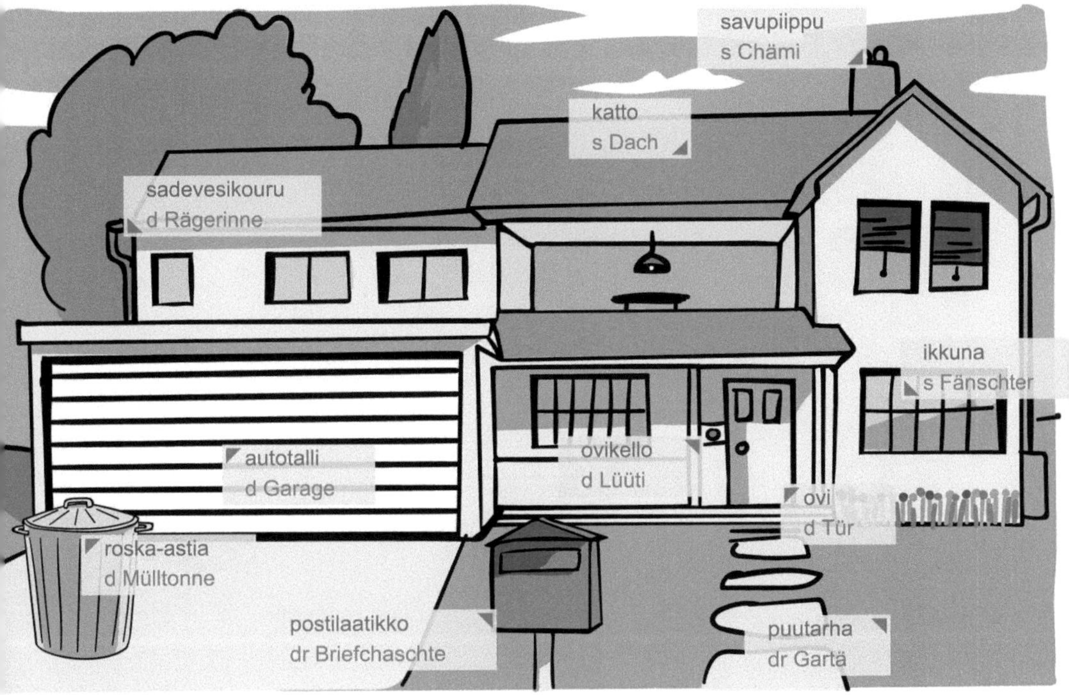
savupiippu
s Chämi
katto
s Dach
sadevesikouru
d Rägerinne
ikkuna
s Fänschter
autotalli
d Garage
ovikello
d Lüüti
ovi
d Tür
roska-astia
d Mülltonne
postilaatikko
dr Briefchaschte
puutarha
dr Gartä

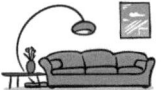

olohuone

s Stubä

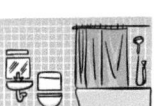

kylpyhuone

s Badzimmer

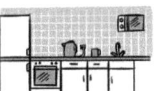

keittiö

d Chuchi

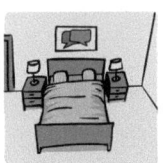

makuuhuone

s Schlofzimmer

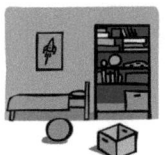

lastenhuone

s Chinderzimmer

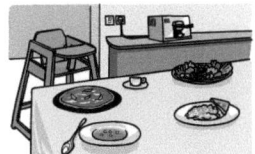

ruokahuone

s Ässzimmer

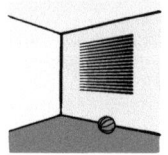

lattia

dr Bodä

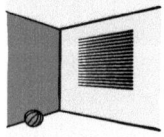

seinä

d Wand

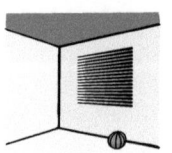

katto

d Decki

kellari

dr Chäller

sauna

d Sauna

parveke

dr Balkon

terassi

d Terasse

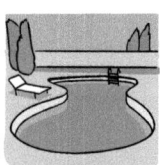

uima-allas

s Pool

ruohonleikkuri

dr Rasemäier

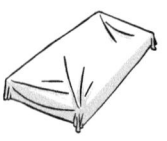

lakana

dr Bettbezug

päiväpeitto

d Bettdecki

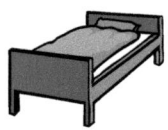

sänky

s Bett

harja

dr Bäse

ämpäri

dr Chübel

katkaisin

dr Schalter

olohuone
s Stubä

tapetti
d Tapete
kuva
s Bild
lamppu
d Lampä
hylly
s Regal
kaappi
dr Schrank
televisio
dr Färnseh
takka
dr Kamin
kukka
d Bluamä
tyyny
s Chüssi
sohva
s Sofa
maljakko
d Vasä
kaukosäädin
d Färnbedienig

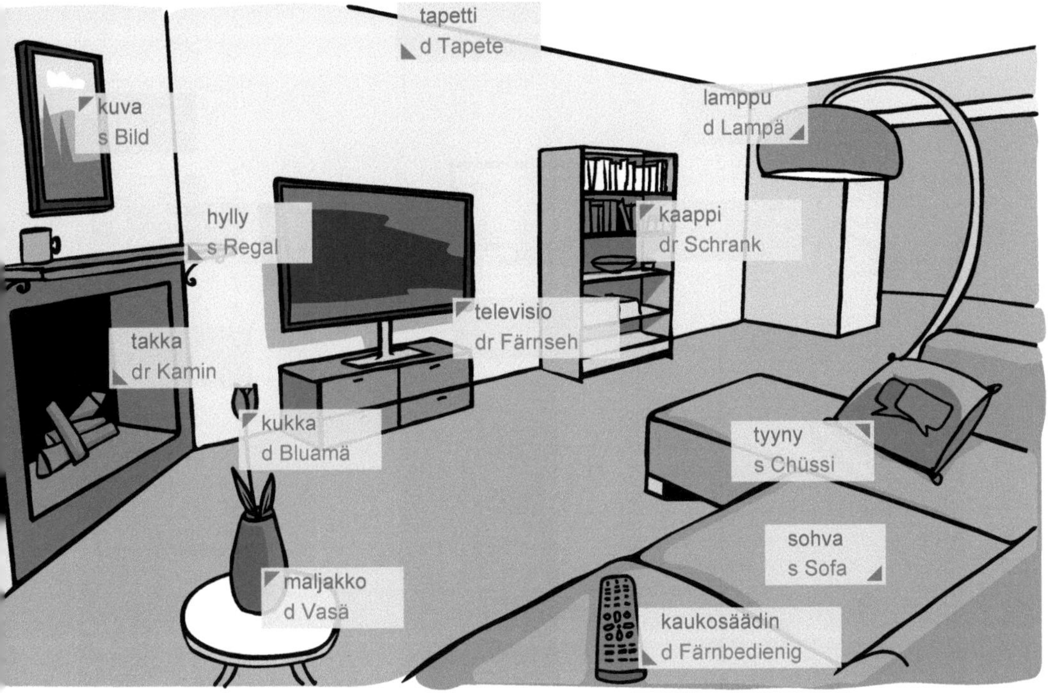

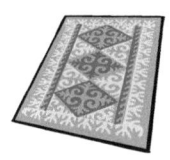

matto

dr Teppich

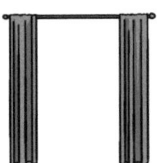

verho

dr Vorhang

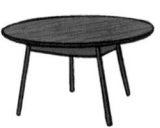

pöytä

dr Tisch

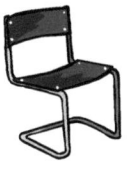

tuoli

dr Stuehl

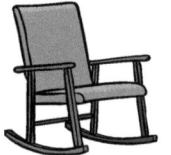

keinutuoli

dr Schaukelstuehl

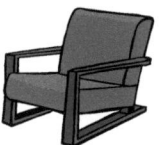

nojatuoli

dr Sässel

kirja

s Buech

peitto

d Decki

koriste

d Dekoration

polttopuut

s Füürholz

elokuva

dr Film

stereot

d Stereoahlag

avain

dr Schlüssel

sanomalehti

d Ziitig

maalaus

s Bild

juliste

s Poster

radio

s Radio

muistivihko

dr Notizblock

pölynimuri

dr Staubsuuger

kaktus

dr Kaktus

kynttilä

d Chärze

keittiö

d Chuchi

jääkaappi
dr Chüelschrank
mikroaaltouuni
d Mikrowällä
keittiövaaka
d Chuchiwaag
leivänpaahdin
dr Toaster
pesuaine
s Wöschmittel
leivinuuni
dr Ofä
pakastinlokero
s Gfrierfach
roska-astia
d Mülltonne
astianpesukone
dr Gschirrspüeler

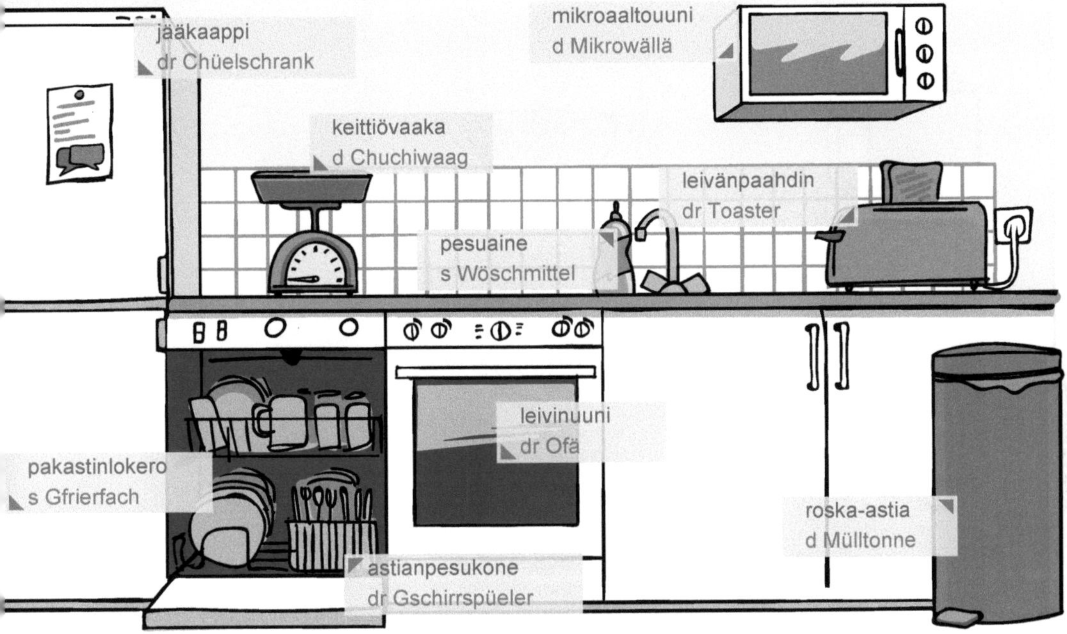

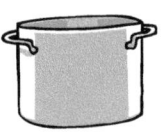

liesi

dr Härd

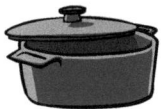

kattila

dr Topf

rautapata

dr Iisetopf

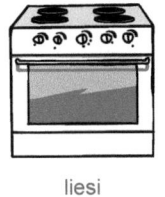

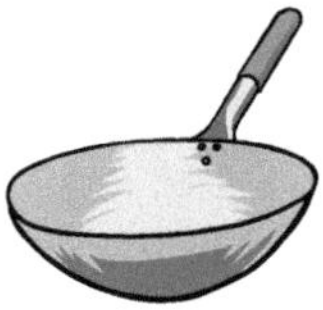

vokkipannu / kadai-pannu

dr Wok / Kadai

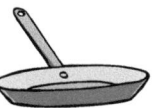

paistinpannu

d Pfanne

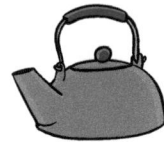

teepannu

dr Wasserchocher

höyrykeitin

dr Dampfer

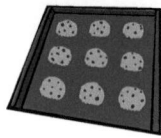

uunipelti

s Bachbläch

astiat

s Gschirr

muki

dr Bächer

kulho

d Schale

syömäpuikot

d Stäbli

kauha

d Suppechellä

paistinlasta

dr Pfannewänder

vispilä

dr Schneebäse

siivilä

s Sieb

siivilä

s Sieb

raastin

d Raffle

mortteli

dr Mörser

grilli

dr Grill

avotuli

d Füürstell

leikkuulauta

s Schniidbrätt

kaulin

s Nudelholz

korkinavaaja

dr Korkäzieher

purkki

d Dosä

purkinavaaja

dr Dosäöffner

pannulappu

dr Topflappä

lavuaari

s Wöschbecki

tiskiharja

d Bürste

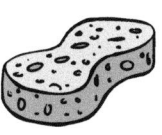

pesusieni

dr Schwumm

tehosekoitin

dr Mixer

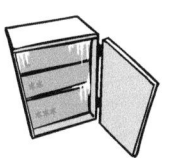

pakastin

dr Gfrierschrank

tuttipullo

s Babyfläschli

vesihana

dr Hahnä

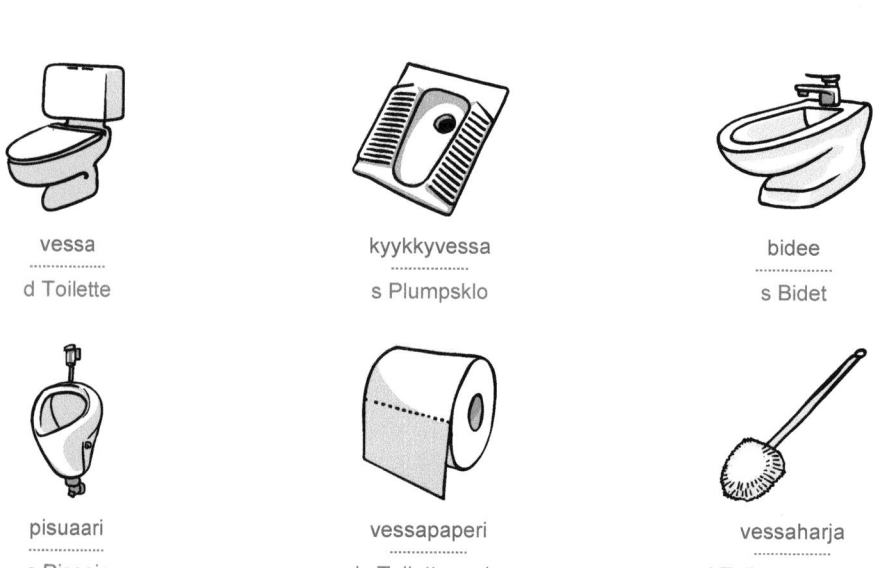

kylpyhuone
s Badzimmer

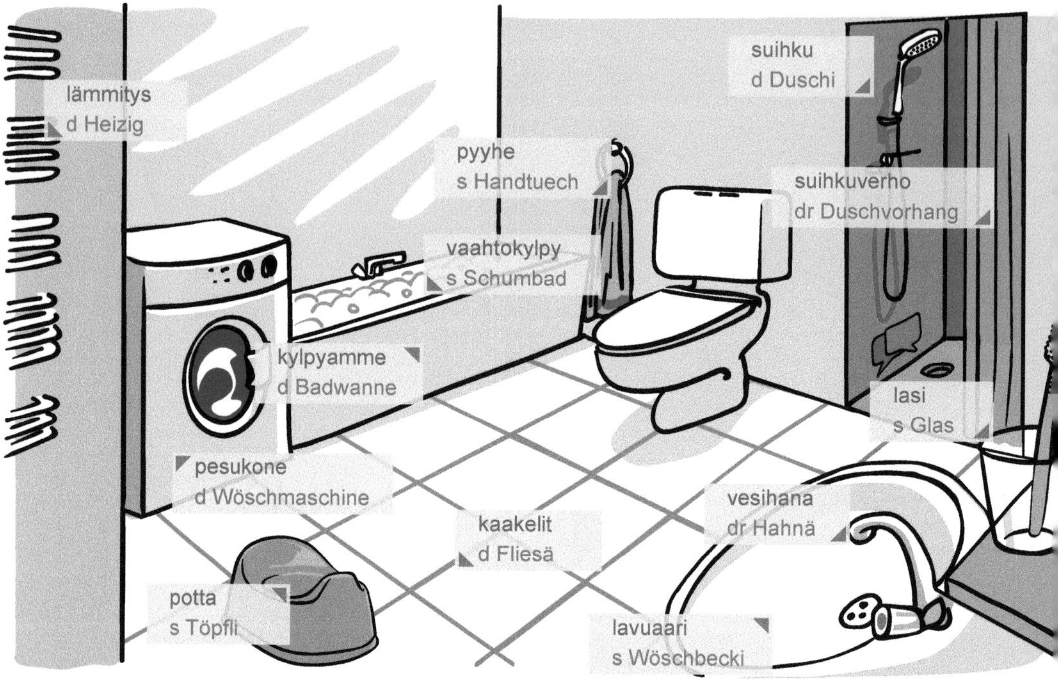

lämmitys
d Heizig
pyyhe
s Handtuech
suihku
d Duschi
suihkuverho
dr Duschvorhang
vaahtokylpy
s Schumbad
kylpyamme
d Badwanne
pesukone
d Wöschmaschine
lasi
s Glas
vesihana
dr Hahnä
kaakelit
d Fliesä
potta
s Töpfli
lavuaari
s Wöschbecki

vessa

d Toilette

kyykkyvessa

s Plumpsklo

bidee

s Bidet

pisuaari

s Pissoir

vessapaperi

ds Toilettepapier

vessaharja

d Toilettebürschteli

hammasharja

d Zahbürstä

hammastahna

d Zahpasta

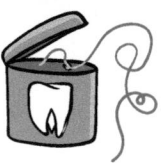

hammaslanka

d Zahnsiide

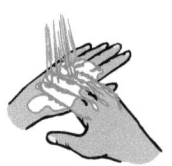

pestä

wäsche

käsisuihku

d Handduschi

intiimisuihku

d Intiimduschi

pesuvati

s Wöschbecki

selkäharja

d Ruggäbürste

saippua

d Seifä

suihkugeeli

s Duschgel

shampoo

s Shampoo

pesulappu

dr Waschlappä

viemäri

dr Abfluss

voide

d Creme

deodorantti

s Deo

peili

dr Spiegel

käsipeili

dr Handspiegel

partaveitsi

dr Rasierer

partavaahto

dr Rasierschuum

partavesi

s Aftershave

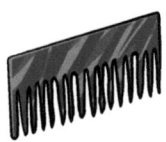

kampa

dr Schträäl

harja

d Bürstä

hiustenkuivaaja

dr Föhn

hiuslakka

s Hoorspray

meikki

s Makeup

huulipuna

dr Lippestift

kynsilakka

dr Nagellack

pumpuli

d Wattä

kynsisakset

d Nagelscher

hajuvesi

s Parfum

kosmetiikkalaukku

s Necessaire

jakkara

dr Schemel

vaaka

d Waag

kylpytakki

dr Badmantel

kumihansikkaat

dr Gummihändscheh

tamponi

s Tampon

terveysside

d Damebinde

kemiallinen wc

d chemischi Toilette

lastenhuone
s Chinderzimmer

herätyskello
dr Wecker
pehmolelu
s Kuscheltier
leikkiauto
s Spielzügauto
helistin
d Rassle
nukkekoti
s Puppehuus
lahja
s Gschänk

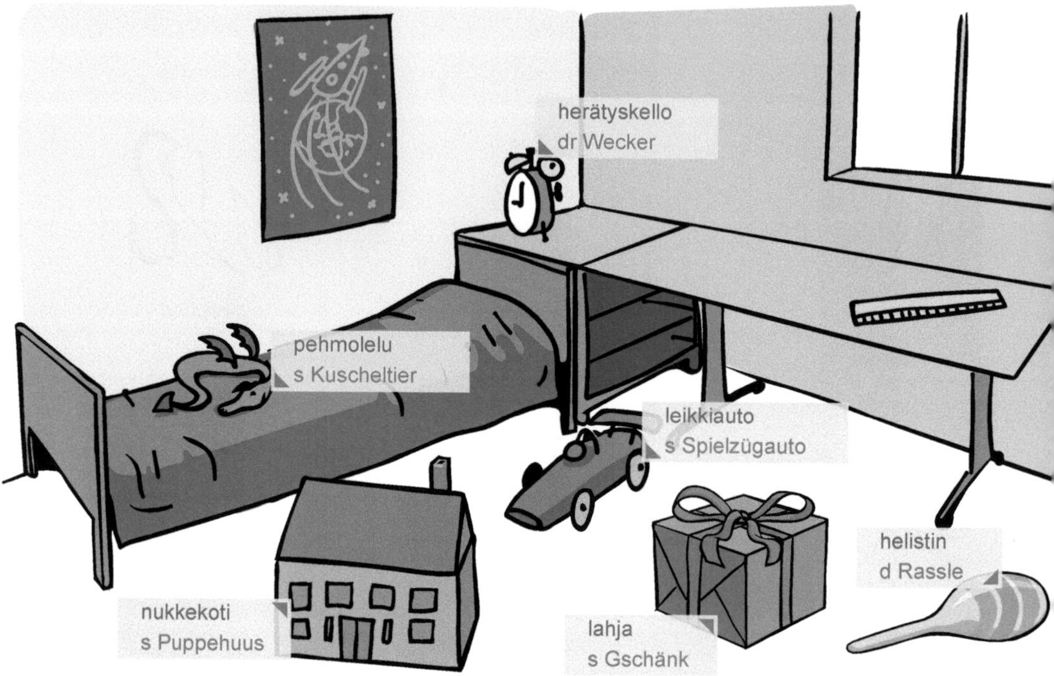

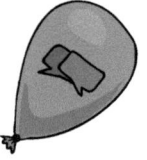

ilmapallo
dr Ballon

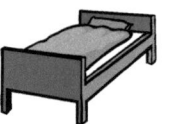

sänky
s Bett

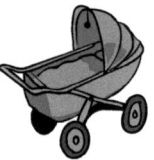

lastenvaunut
dr Chinderwage

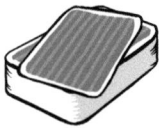

korttipeli
s Chartespiel

palapeli
s Puzzle

SUPER
MEGA

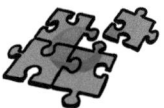

sarjakuva
dr Comic

legopalikat

d Legos

rakennuspalikat

d Baustei

supersankari

d Action Figur

potkupuku

s Strampli

frisbee

s Frisbee

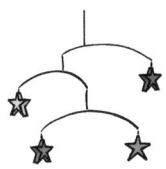

mobile

s Mobile

lautapeli

s Brättspiel

noppa

dr Würfäl

pienoisjunarata

d Modellisebahn

tutti

dr Nuggi

juhlat

d Party

kuvakirja

s Bilderbuch

pallo

dr Ball

nukke

d Puppä

leikkiä

spiele

hiekkalaatikko

dr Sandchaschte

keinu

d Gigampfi

lelut

s Spielzüg

pelikonsoli

d Videospielkonsole

kolmipyörä

s Dreirad

nalle

dr Teddy

vaatekaappi

dr Chleiderschrank

vaatteet
d Chleidig

sukat

d Sockä

nylonsukat

d Strümpf

sukkahousut

d Strumpfhosä

kaulaliina
dr Schal

vyö
dr Gürtel

sateenvarjo
dr Rägeschirm

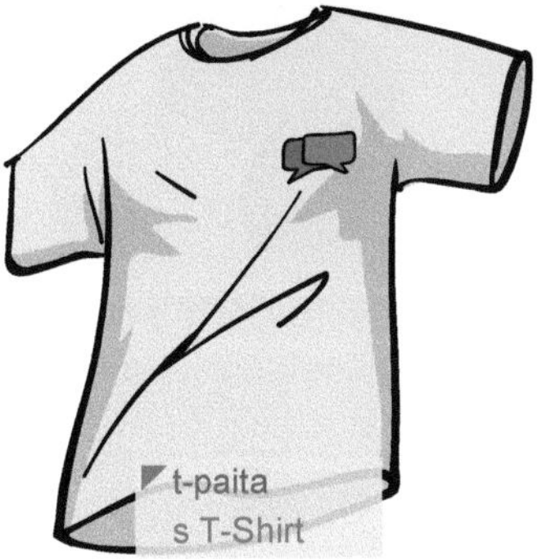

t-paita
s T-Shirt

lenkkarit
d Turnschueh

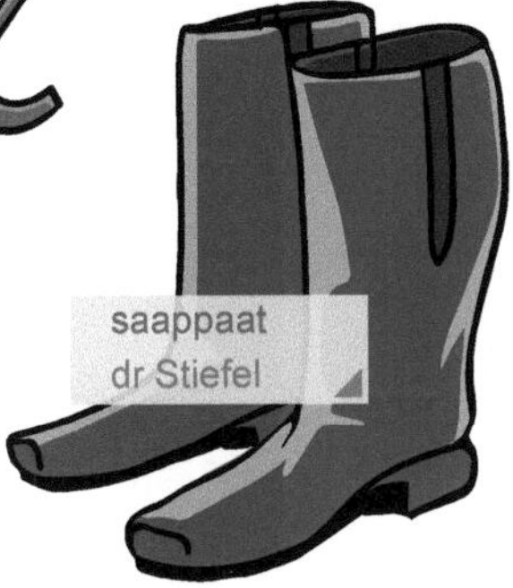

saappaat
dr Stiefel

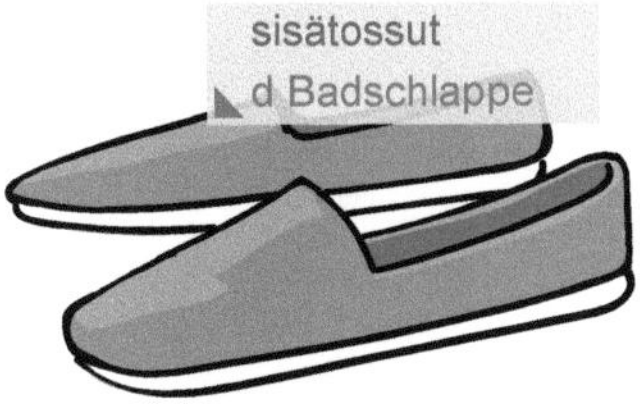

sisätossut
d Badschlappe

sandaalit
d Sandalä

kengät
d Schueh

kumisaappaat
d Gummistiefel

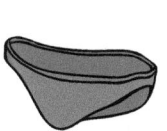

alushousut
d Untrhosä

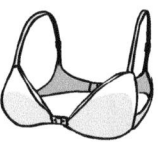

rintaliivit
dr BH

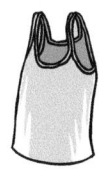

aluspaita
s Underlibli

body
dr Body

housut
d Hosä

farkut
d Jeans

hame
dr Rock

pusero
d Bluse

paita
s Hömli

villapaita
dr Pulli

collegepaita
dr Kapuzepulli

jakku
dr Blazer

takki
d Jacke

takki
dr Mantel

sadetakki
dr Rägämantel

puku
s Chostüm

mekko
s Chleid

hääpuku
s Hochziitskleid

puku

dr Ahzug

yöpaita

s Nachthömli

pyjama

s Pyjama

shari

dr Sari

päähuivi

s Chopftuäch

turbaani

dr Turban

burka

d Burka

kaftaani

dr Kaftan

abaya

d Abaya

uimapuku

s Badchleid

uimahousut

d Badhose

shortsit

d churzi Hosä

verkkarit

dr Trainer

esiliina

d Schürze

käsineet

d Händsche

nappi
dr Chnopf

silmälasit
d Brüllä

rannekoru
s Armband

kaulakoru
d Chetti

sormus
dr Ring

korvakoru
dr Ohrering

lippalakki
d Chappe

ripustin
dr Chleiderbügel

hattu
dr Huet

solmio
d Grawattä

vetoketju
dr Riissverschluss

kypärä
dr Helm

henkselit
dr Hosäträger

koulupuku
d Schueluniform

univormu
d Uniform

ruokalappu

s Lätzli

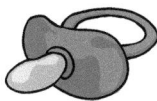

tutti

dr Nuggi

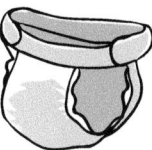

vaippa

d Windle

toimisto
s Büro

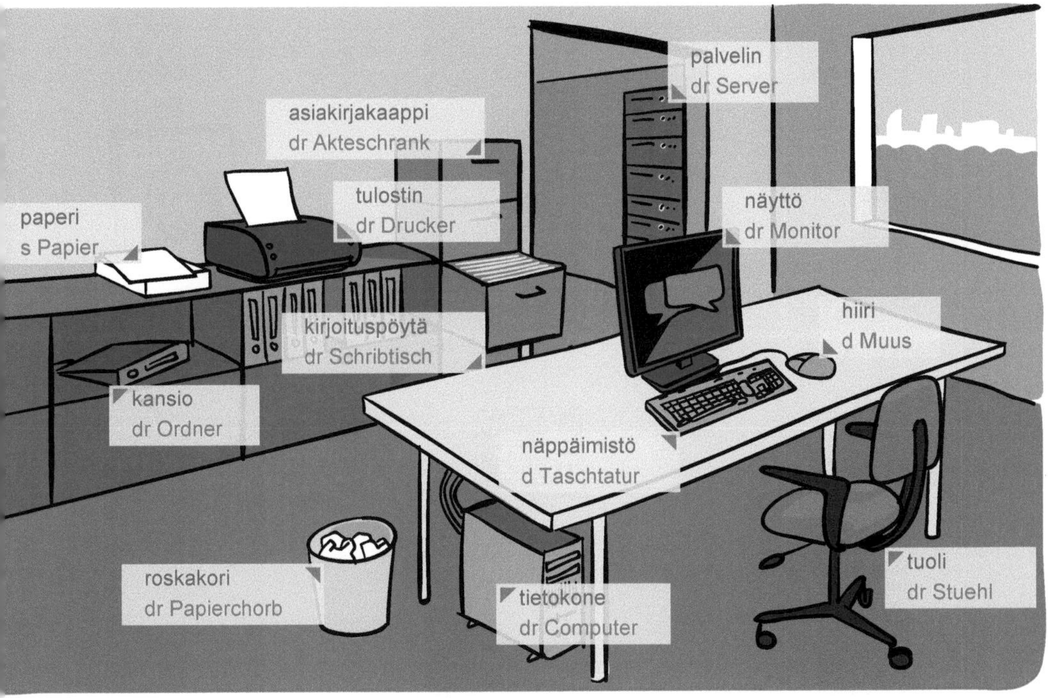

palvelin
dr Server

asiakirjakaappi
dr Akteschrank

tulostin
dr Drucker

paperi
s Papier

näyttö
dr Monitor

hiiri
d Muus

kirjoituspöytä
dr Schribtisch

kansio
dr Ordner

näppäimistö
d Taschtatur

roskakori
dr Papierchorb

tuoli
dr Stuehl

tietokone
dr Computer

kahvimuki

dr Kafibächer

taskulaskin

dr Tascherächner

internet

s Internet

kannettava tietokone

dr Laptop

kirje

dr Brief

viesti

d Nochricht

kännykkä

s Mobiltelefon

verkko

s Netzwärk

kopiokone

dr Kopierer

ohjelmisto

d Software

puhelin

s Telefon

pistorasia

d Steckdosä

faksi

s Fax

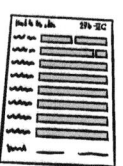

lomake

s Formular

asiakirja

s Dokumänt

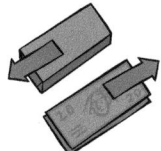

ostaa

chaufe

maksaa

zahle

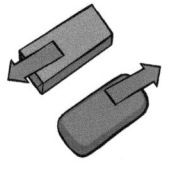

vaihtaa

handle

raha

s Gäld

dollari

dr Dollar

euro

dr Euro

jeni

dr Yen

rupla

dr Rubel

frangi

dr Frankä

renminbi juan

dr Renminbi Yuan

rupia

d Rupie

pankkiautomaatti

dr Gäldautomat

rahanvaihto

d Wächselstube

kulta

s Gold

hopea

s Silber

öljy

s Öl

energia

d Energie

hinta

dr Preis

sopimus

dr Vertrag

vero

d Stüür

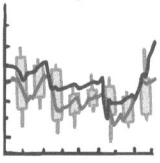

osake

d Aktie

työskennellä

schaffe

työntekijä

dr Mitarbeiter

työnantaja

dr Arbeitgeber

tehdas

d Fabrik

liike

s Gschäft

poliisi
dr Polizischt

palomies
dr Füürwehrmaa

kokki
dr Choch

lääkäri
dr Arzt

lentäjä
dr Pilot

puutarhuri
dr Gärtner

puuseppä
dr Zimmermah

ompelija
d Näheri

tuomari
dr Richter

kemisti
dr Chemiker

näyttelijä
dr Darsteller

linja-autonkuljettaja

dr Busfahrer

taksinkuljettaja

dr Taxifahrer

kalastaja

dr Fischer

siivooja

d Putzfrau

katontekijä

dr Dachdecker

tarjoilija

dr Chällner

metsästäjä

dr Jäger

maalari

dr Moler

leipuri

dr Bäcker

sähköasentaja

dr Elektriker

rakentaja

dr Bauarbeiter

insinööri

dr Ingenieur

teurastaja

dr Schlachter

putkiasentaja

dr Klämpner

postinjakaja

dr Pöschtler

sotilas

dr Soldat

arkkitehti

dr Architekt

kassanhoitaja

dr Kassierer

floristi

dr Florischt

kampaaja

dr Frisör

konduktööri

dr Kontrolleur

mekaanikko

dr Mechaniker

kapteeni

dr Kapitän

hammaslääkäri

dr Zahnarzt

tiedemies

dr Wüsseschaftler

rabbi

dr Rabbi

imaami

dr Imam

munkki

dr Mönch

pappi

dr Pfarrer

työkalut
d Werkzüüg

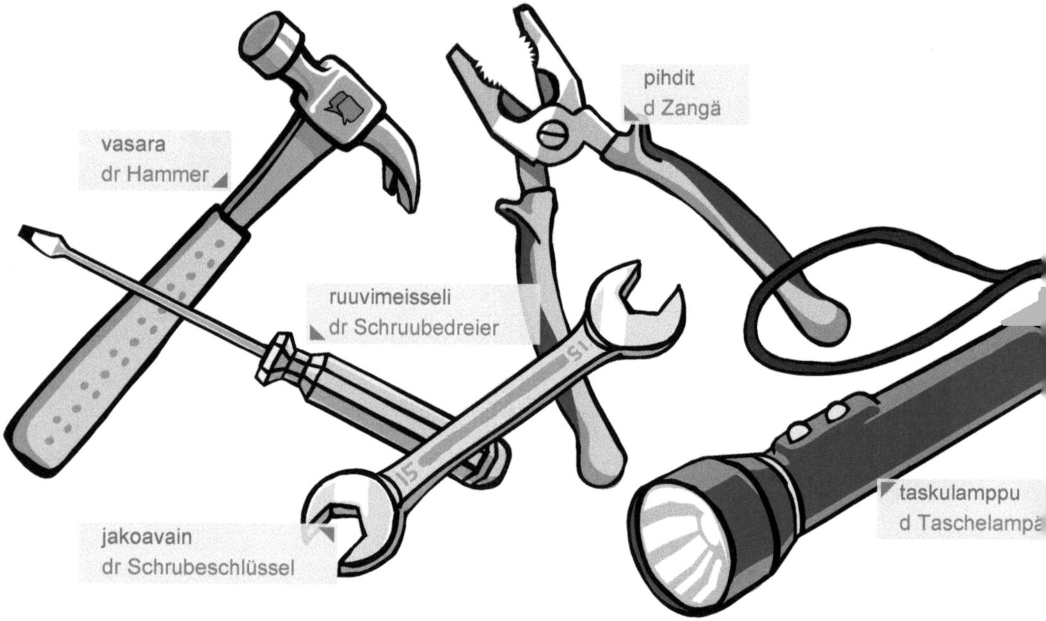
pihdit
d Zangä
vasara
dr Hammer
ruuvimeisseli
dr Schruubedreier
taskulamppu
d Taschelampä
jakoavain
dr Schrubeschlüssel

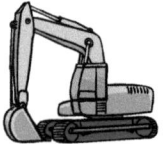

kaivinkone

dr Bagger

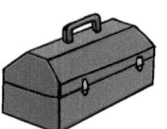

työkalupakki

dr Werkzüügchaschte

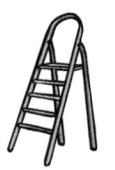

tikkaat

d Leitere

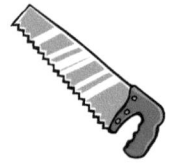

saha

d Sagi

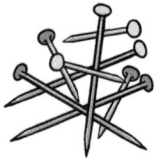

naulat

d Negel

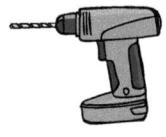

pora

dr Bohrer

korjata
flicke

lapio
d Schufle

Hitto!
Mischt!

rikkalapio
d Ascheschufle

maalipurkki
dr Farbchübel

ruuvit
d Schruube

soittimet
d Musiginstrumänt

kaiuttimet
dr Luutsprächer

rummut
s Schlagzüüg

kitara
d Gitarre

kontrabasso
dr Kontrabass

trumpetti
d Trompetä

piano

s Klavier

viulu

d Violine

basso

dr Bass

patarummut

d Pauke

rumpu

d Trummle

kosketinsoitin

s Keyboard

saksofoni

s Saxophon

huilu

d Flöte

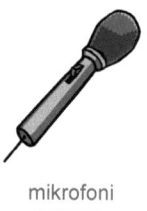

mikrofoni

s Mikrofon

eläintarha

dr Zolli

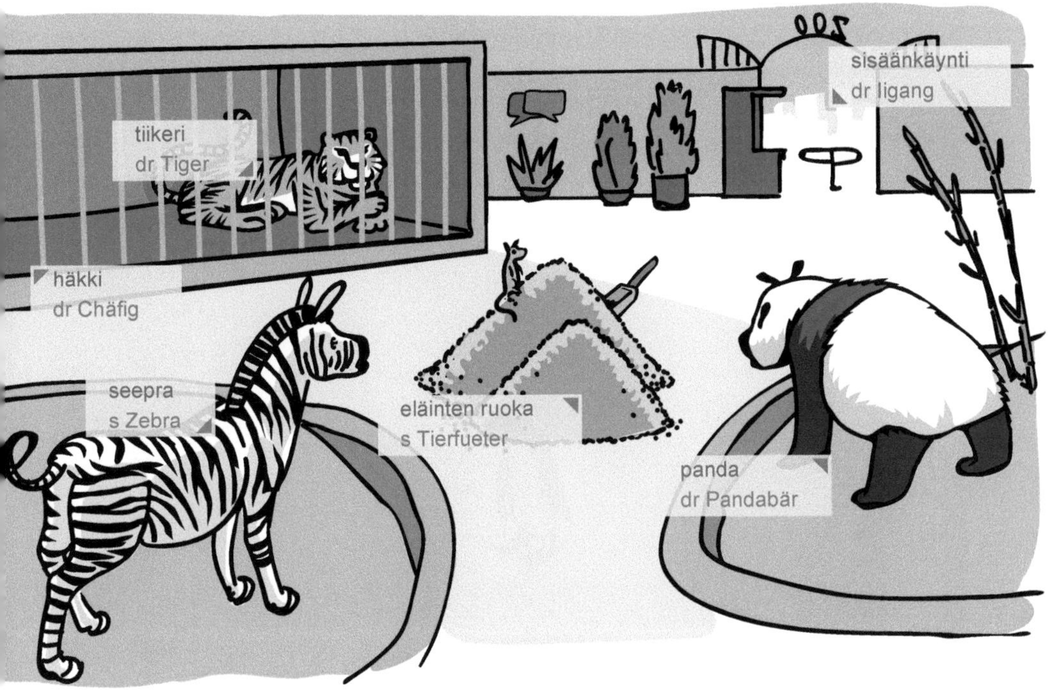

tiikeri
dr Tiger
sisäänkäynti
dr Iigang
häkki
dr Chäfig
seepra
s Zebra
eläinten ruoka
s Tierfueter
panda
dr Pandabär

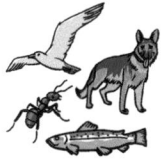

eläimet

d Tier

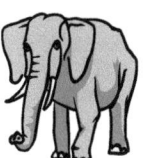

norsu

dr Elefant

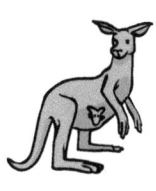

kenguru

s Känguru

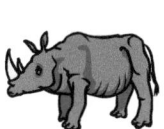

sarvikuono

s Nashorn

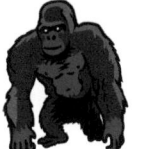

gorilla

dr Gorilla

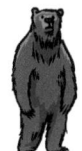

karhu

dr Bär

kameli

s Kamel

strutsi

dr Struss

leijona

dr Leu

apina

dr Aff

flamingo

dr Flamingo

papukaija

dr Papagei

jääkarhu

dr Iisbär

pingviini

dr Pinguin

hai

dr Hai

riikinkukko

dr Pfau

käärme

d Schlangä

krokotiili

s Krokodil

eläintarhanhoitaja

dr Zoowärter

hylje

d Robbä

jaguaari

dr Jaguar

poni

s Pony

leopardi

dr Leopard

virtahepo

s Nilpfärd

kirahvi

d Giraff

kotka

dr Adler

villisika

s Wildschwein

kala

dr Fisch

kilpikonna

d Schildkrot

mursu

s Walross

kettu

dr Fuchs

gaselli

d Gazelle

amerikkalainen jalkapallo
s American Football

pyöräily
s Velofahre

tennis
s Tennis

koripallo
dr Basketball

uinti
s Schwümmä

nyrkkeily
s Boxä

jääkiekko
s Iishockey

jalkapallo
dr Fuessball

sulkapallo
s Badminton

yleisurheilu
d Liechtathletik

käsipallo
dr Handball

hiihto
s Skifahre

poolo
s Polo

aktiviteetit
d Aktivitäte

nauraa
lachä
hypätä
springä
halata
umarme
kävellä
gah
laulaa
singe
unelmoida
troime
rukoilla
bätte
suudella
küssä

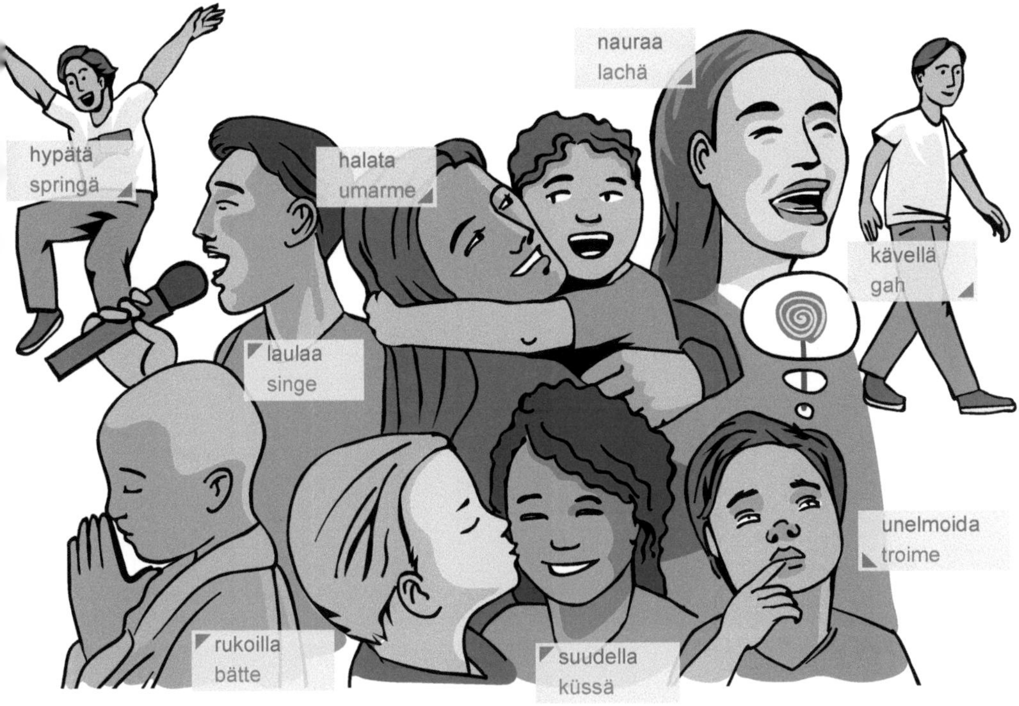

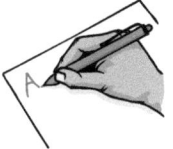

kirjoittaa

schribe

piirtää

zeichne

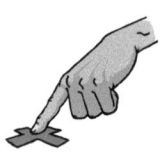

näyttää

zeige

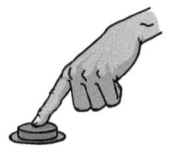

painaa

schiebe

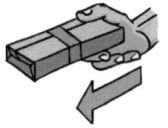

antaa

gäh

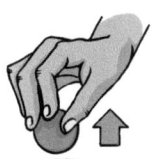

ottaa

näh

omistaa

händ

tehdä

mache

olla

sy

seisoa

stah

juosta

laufe

vetää

zieh

heittää

rüerä

kaatua

fallä

maata

ligge

odottaa

warte

kantaa

träge

istua

sitze

pukeutua

ahzieh

nukkua

schlafe

herätä

ufwache

katsoa
ahluege

itkeä
brüele

silittää
striichle

kammata
bürste

puhua
redä

ymmärtää
verschtah

kysyä
froog

kuunnella
lose

juoda
trinke

syödä
ässe

siivota
ufruume

rakastaa
liebe

keittää
chochä

ajaa
fahre

lentää
flüge

purjehtia

segle

laskea

rächne

lukea

läse

oppia

leerä

työskennellä

schaffe

mennä naimisiin

hürate

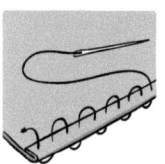

ommella

näije

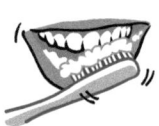

pestä hampaat

Zäh putze

tappaa

töte

tupakoida

schlootä

lähettää

sände

perhe
d Familiä

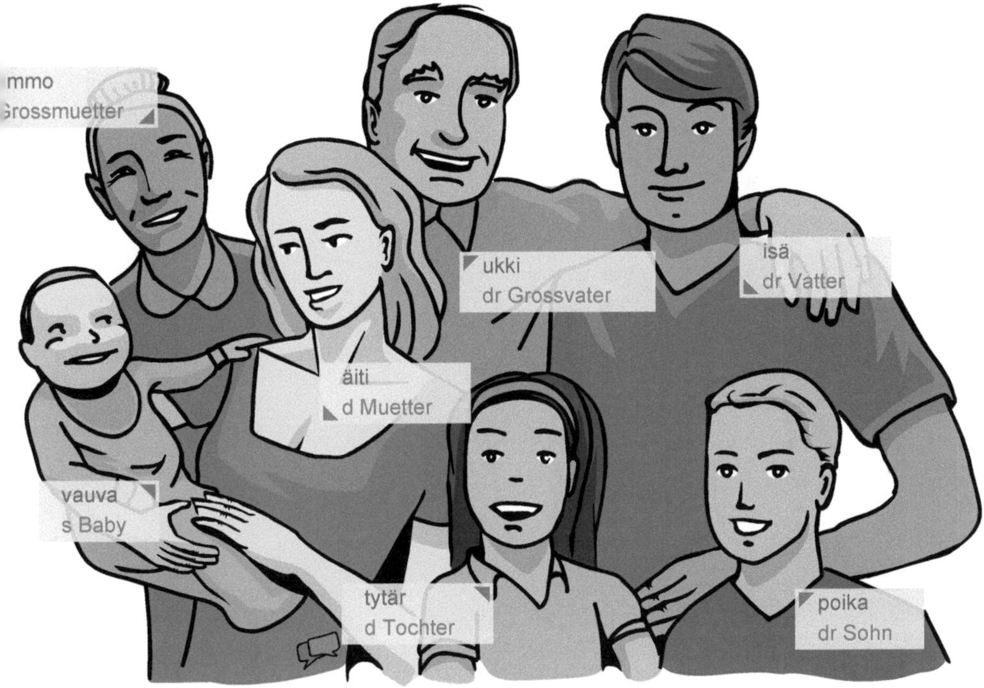

mmo
Grossmuetter
ukki
dr Grossvater
isä
dr Vatter
äiti
d Muetter
vauva
s Baby
tytär
d Tochter
poika
dr Sohn

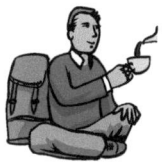

vieras

dr Gast

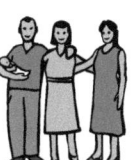

täti

d Tante

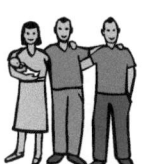

setä

dr Unkel

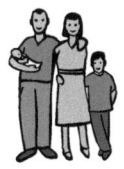

veli

dr Brüeder

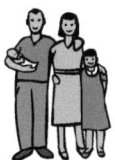

sisko

d Schwöschter

vartalo
dr Körpär

otsa
d Stirn
silmä
ds Aug
olkapää
d Schultere
sormet
dr Fingär
kasvot
s Gsicht
leuka
s Chüni
käsi
d Hand
jalka
s Bei
rinta
d Bruscht
käsivarsi
dr Arm

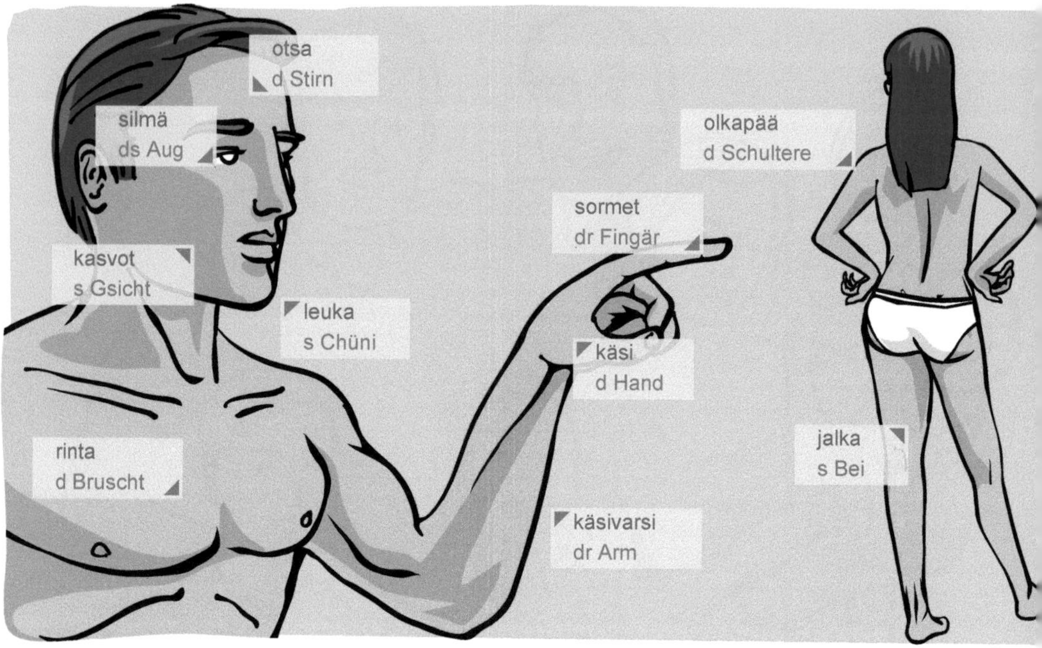

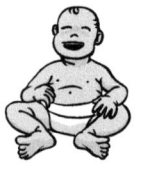

vauva
s Baby

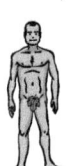

mies
dr Mah

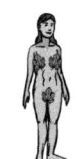

nainen
d Frau

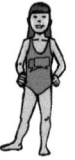

tyttö
s Meitli

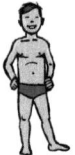

poika
dr Bueb

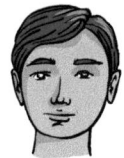

pää
dr Chopf

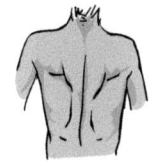	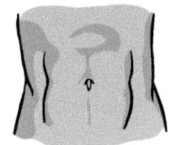	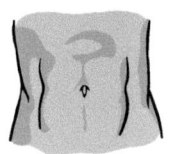
selkä dr Ruggä	maha dr Buuch	napa dr Buchnabel
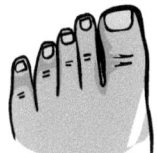	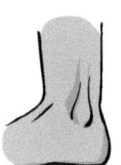	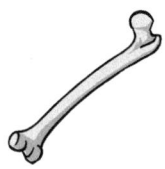
varvas dr Zäche	kantapää d Fersä	luu d Knoche
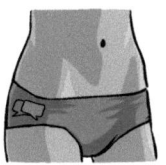	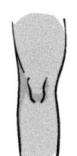	
lantio d Hüfte	polvi s Chnü	kyynärpää dr Ellbogä
	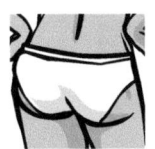	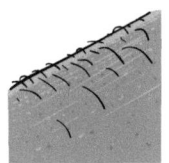
nenä d Nase	takapuoli s Füdli	iho d Hut
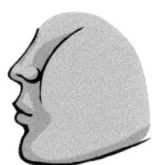	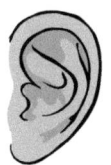	
poski d Bagge	korva s Ohr	huuli d Lippe

suu

s Muul

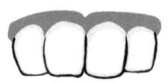

hammas

dr Zah

kieli

d Zungä

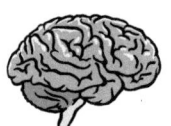

aivot

s Hirni

sydän

s Härz

lihas

dr Muskel

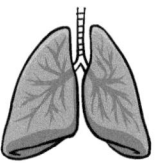

keuhkot

d Lungä

maksa

d Läberä

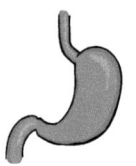

vatsa

dr Magen

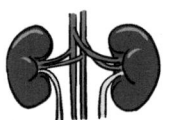

munuaiset

d Nierä

seksi

dr Gschlächtsvrkehr

kondomi

s Kondom

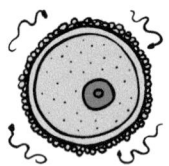

munasolu

d Eizälle

sperma

dr Soome

raskaus

d Schwangerschaft

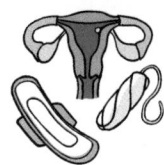

kuukautiset
....
d Menstruation

vagina
....
d Vagina

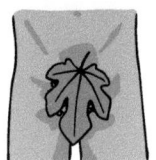

penis
....
dr Penis

kulmakarvat
....
d Augebrauä

hiukset
....
s Haar

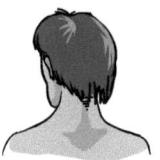

niska
....
dr Hals

sairaala
s Spital

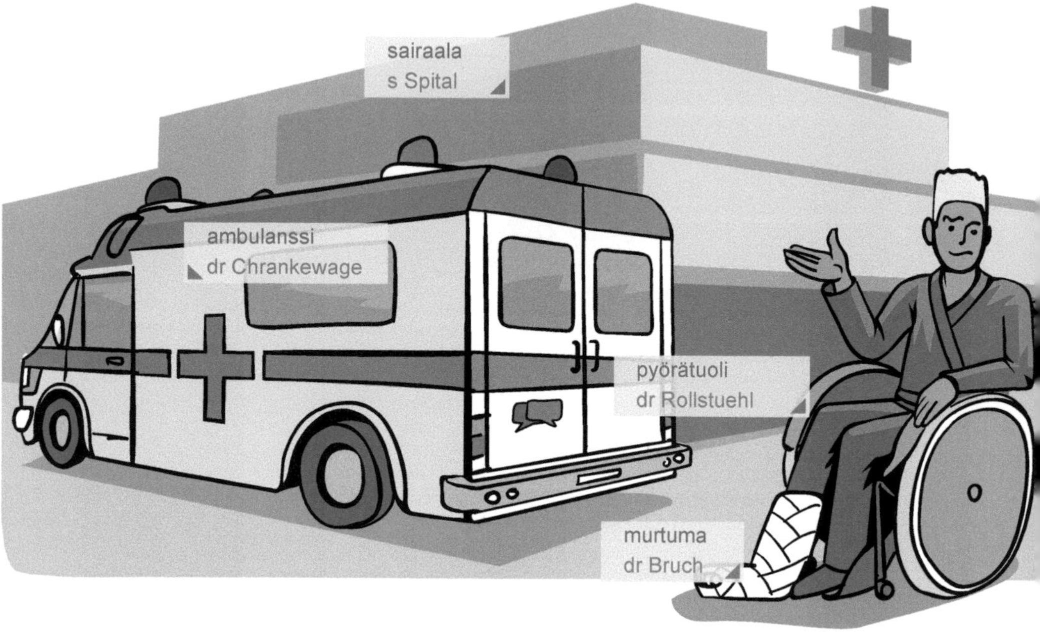

sairaala
s Spital
ambulanssi
dr Chrankewage
pyörätuoli
dr Rollstuehl
murtuma
dr Bruch

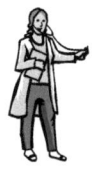

lääkäri

dr Arzt

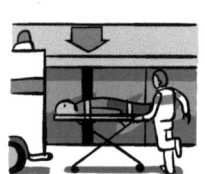

ensiapu

d Notufnahm

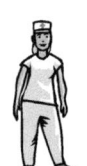

sairaanhoitaja

d Chrankeschwöschter

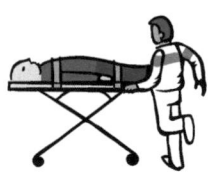

hätätilanne

dr Notfall

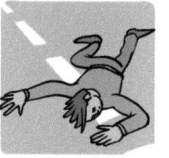

tajuton

ohnmächtig

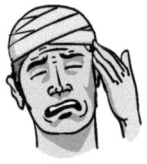

kipu

dr Schmärz

vamma
d Verletzig

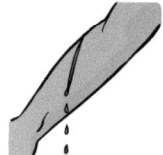

verenvuoto
d Bluätig

sydänkohtaus
dr Härzinfarkt

aivoinfarkti
dr Schlagahfall

allergia
d Allergie

yskä
dr Hueschtä

kuume
s Fieber

flunssa
d Grippe

ripuli
dr Durchfall

päänsärky
d Kopfschmärze

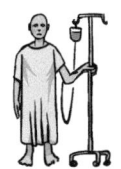

syöpä
dr Kräbs

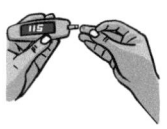

diabetes
dr Diabetes

kirurgi
dr Chirurg

veitsi
s Skalpell

leikkaus
d Operation

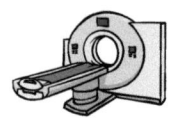

ct

s CT

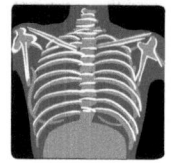

röntgen

s Röntgä

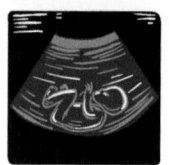

ultraääni

s Ultraschall

maski

d Gsichtsmaske

sairaus

d Krankhet

odotushuone

s Wartezimmer

sauva

d Krückä

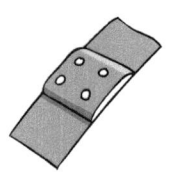

laastari

s Pflaster

side

dr Vrband

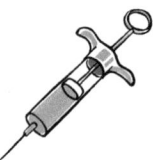

pistos

d Injektion

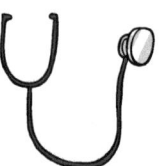

stetoskooppi

s Stethoskop

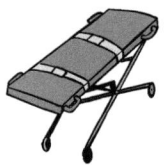

paarit

d Trage

kuumemittari

s Thermometer

syntymä

d Geburt

ylipaino

s Übergwicht

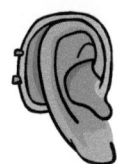		
kuulolaite	desinfiointiaine	infektio
s Hörgrät	s Desinfektionsmittel	d Infektion

virus	HIV / AIDS	lääke
s Virus	s HIV / AIDS	d Medizin
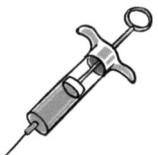	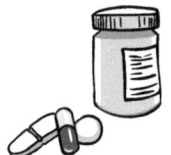	
rokotus	tabletit	pilleri
d Impfig	d Tablette	d Pille

hätäpuhelu	verenpainemittari	sairas / terve
dr Notruef	s Bluetdruck-Mässgrät	chrank / gsund

Apua! Hiufe!	 hälytys dr Alarm	 ryöstö dr Überfall
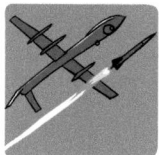 hyökkäys dr Ahgriff	 vaara d Gfohr	 hätäuloskäynti dr Notuusgang
Tulipalo! Füür!	 palosammutin dr Füürlöscher	 onnettomuus dr Unfall
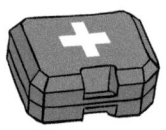 ensiapulaukku dr Ersti-Hilf-Koffer	 SOS SOS	 poliisilaitos d Polizei

Eurooppa

s Europa

Pohjois-Amerikka

s Nordamerika

Etelä-Amerikka

s Südamerika

Afrikka

s Afrika

Aasia

s Asie

Australia

s Auschtralie

Atlantin valtameri

dr Atlantik

Tyynimeri

dr Pazifik

Intian valtameri

dr Indische Ozean

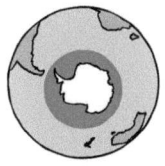

Eteläinen jäämeri

dr Antarktische Ozean

Pohjoinen jäämeri

dr Arktische Ozean

pohjoisnapa

dr Nordpol

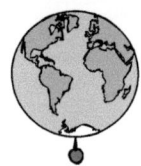

etelänapa

dr Südpol

Antarktis

d Antarktis

maa

d Ärde

maa

s Land

meri

s Meer

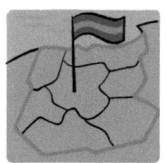

saari

d Inslä

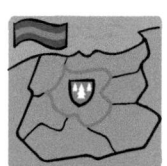

kansa

d Nation

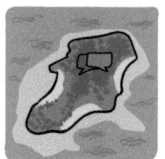

osavaltio

dr Staat

kellotaulu

s Ziffereblatt

tuntiviisari

dr Stundezeiger

minuuttiviisari

dr Minutezeiger

sekuntiviisari

dr Sekundezeiger

Paljonko kello on?

Wie spaht isch es?

päivä

dr Tag

aika

d Zit

nyt

jetzt

digitaalikello

d Digitaluhr

minuutti

d Minute

tunti

d Stunde

viikko

d Wuche

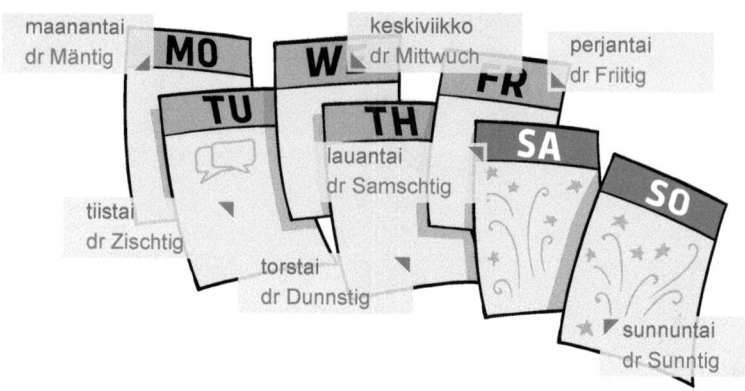

maanantai
dr Mäntig

keskiviikko
dr Mittwuch

perjantai
dr Friitig

tiistai
dr Zischtig

lauantai
dr Samschtig

torstai
dr Dunnstig

sunnuntai
dr Sunntig

eilen
....
geschter

tänään
....
hüt

huomenna
....
morn

aamu
....
dr Morgä

keskipäivä
....
dr Mittag

ilta
....
dr Aabig

työpäivät
....
d Wärktag

viikonloppu
....
s Wuchenänd

vuosi
s Johr

sade
dr Räge
sateenkaari
dr Rägeboge
lumi
dr Schnee
tuuli
dr Wind
kevät
dr Früelig
syksy
dr Herbscht
kesä
dr Summer
talvi
dr Winter

4.APRIL 11°
5.APRIL 4°
6.APRIL 13°
7.APRIL 8°
8.APRIL 10°

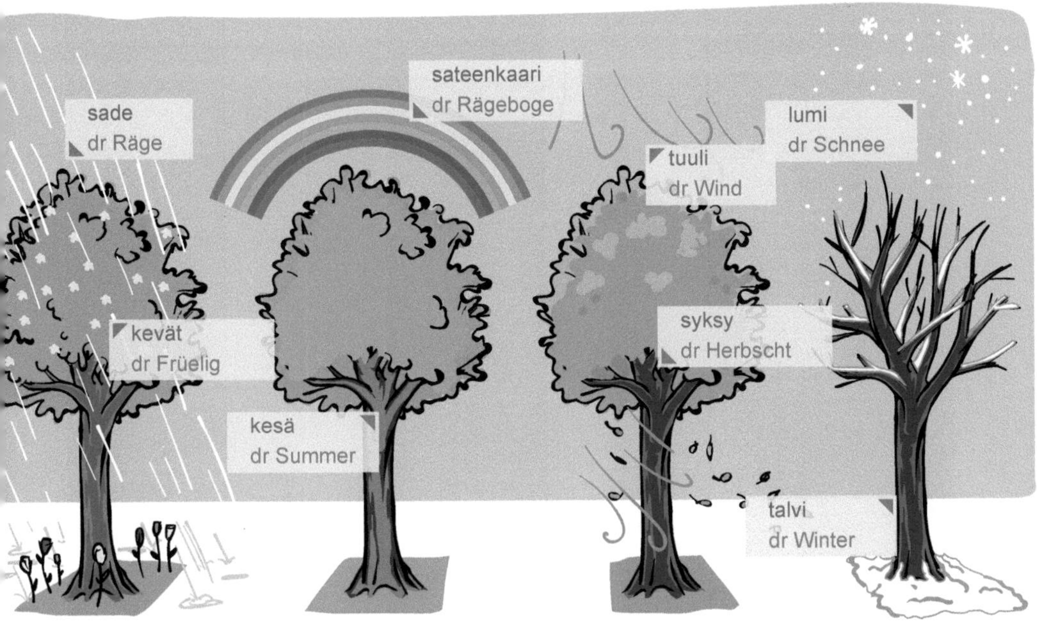

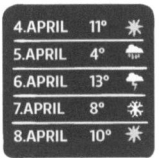

sääennuste

d Wättervorhärsag

F C
120 40
90 30
60 20
30 10
0 0
-30 -10
-20

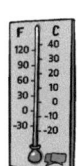

lämpömittari

s Thermometer

auringonpaiste

dr Sunneschiin

pilvi

d Wolkä

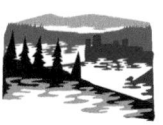

sumu

d Näbel

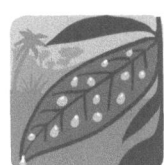

ilmankosteus

d Fiechtigkeit

salama

dr Blitz

ukkonen

dr Dunner

myrsky

dr Sturm

rae

d Hagel

monsuuni

dr Monsun

tulva

d Fluet

jää

s Iis

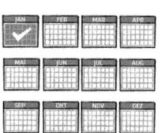

tammikuu

dr Januar

helmikuu

dr Februar

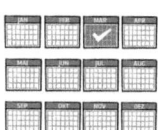

maaliskuu

dr März

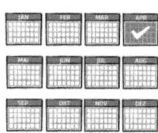

huhtikuu

dr April

toukokuu

dr Mai

kesäkuu

dr Juni

heinäkuu

dr Juli

elokuu

dr Auguscht

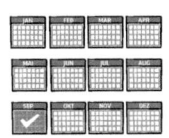

syyskuu

dr Septämber

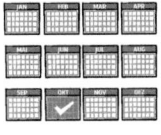

lokakuu

dr Oktober

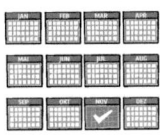

marraskuu

dr Novämber

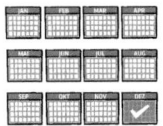

joulukuu

dr Dezämber

muodot
d Forme

ympyrä

dr Kreis

neliö

s Quadrat

suorakulmio

s Rächteck

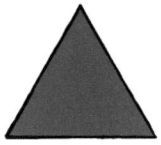

kolmio

s Dreieck

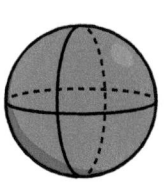

pallo

d Chugele

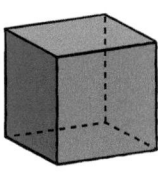

kuutio

dr Würfel

valkoinen

wiss

keltainen

gäl

oranssi

orange

vaaleanpunainen

pink

punainen

rot

violetti

liila

sininen

blau

vihreä

grüen

ruskea

bruun

harmaa

grau

musta

schwarz

paljon / vähän

viel / wenig

vihainen / ystävällinen

hässig / ruhig

kaunis / ruma

hübsch / hässlich

alku / loppu

dr Ahfang / s Ändi

suuri / pieni

gross / chli

vaalea / tumma

hell / dunkel

veli / sisko

Brüeder / d Schwöschter

puhdas / likainen

suuber / dräckig

täydellinen / epätäydellinen

vollständig / unvollständig

päivä / yö

dr Tag / d Nacht

kuollut / elävä

tot / läbig

leveä / kapea

breit / schmal

syötävä / syömäkelvoton

ässbar / nid ässbar

paha / kiltti

bös / fründlich

innostunut / tylsistynyt

uffreggt / glangwilt

lihava / laiha

dick / dünn

ensimmäinen / viimeinen

zerscht / zletscht

ystävä / vihollinen

dr Fründ / dr Find

täysi / tyhjä

voll / läär

kova / pehmeä

hart / weich

painava / kevyt

schwer / liecht

nälkä / jano

dr Hunger / dr Durscht

sairas / terve

chrank / gsund

laiton / laillinen

illegal / legal

älykäs / tyhmä

intelligänt / gatz

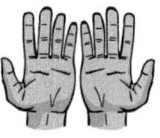

vasen / oikea

links / rächts

lähellä / kaukana

nöch / wiit weg

uusi / käytetty

neu / bruucht

ei mitään / jotain

nüt / öpis

vanha / nuori

alt / jung

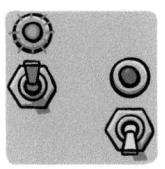

päällä / pois päältä

ah / uss

auki / kiinni

offe / zue

hiljainen / äänekäs

lislig / luut

rikas / köyhä

riich / arm

oikein / väärin

richtig / falsch

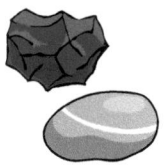

karhea / sileä

rau / glatt

surullinen / iloinen

truurig / glücklich

lyhyt / pitkä

churz / lang

hidas / nopea

langsam / schnäll

märkä / kuiva

nass / trochä

lämmin / viileä

warm / chalt

sota / rauha

dr Chrieg / dr Friede

0

nolla

Null

1

yksi

eis

2

kaksi

zwei

3

kolme

drü

4

neljä

vier

5

viisi

foif

6

kuusi

sächs

7

seitsemän

sibe

8

kahdeksan

acht

9

yhdeksän

nün

10

kymmenen

zäh

11

yksitoista

elf

12
kaksitoista
zwölf

13
kolmetoista
drizäh

14
neljätoista
vierzäh

15
viisitoista
füfzäh

16
kuusitoista
sächzäh

17
seitsemäntoista
siebzäh

18
kahdeksantoista
achtzäh

19
yhdeksäntoista
nünzäh

20
kaksikymmentä
zwänzg

100
sata
Hundert

1.000
tuhat
Tuusig

1.000.000
miljoona
Million

englanti

Änglisch

amerikanenglanti

Amerikanischs Änglisch

mandariinikiina

Chinesisch Mandarin

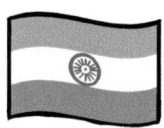

hindi

Hindi

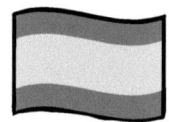

espanja

Spanisch

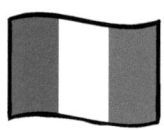

ranska

Französisch

arabia

Arabisch

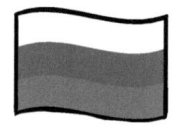

venäjä

Russisch

portugali

Portugiesisch

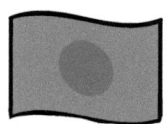

bengali

Bengalisch

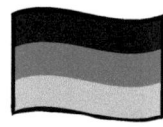

saksa

Dütsch

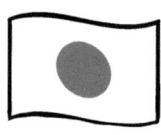

japani

Japanisch

minä
ich

sinä
du

hän
är / sie / es

me
mir

te
ihr

he
sie

kuka?
wär?

mitä / mikä?
was?

miten?
wie?

missä?
wo?

milloin?
wänn?

nimi
Name

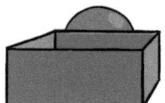

takana

hinder

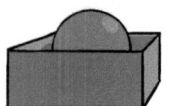

sisällä

in

edessä

vor

yläpuolella

über

päällä

uf

alapuolella

under

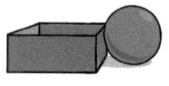

vieressä

näbe

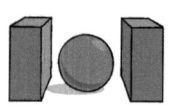

välissä

zwüsche

paikka

dr Ort